CW01663107

thuis in mezelf

rupi kaur

uitgeverij
ORLANDO

na zo lang vervreemd te zijn geweest
komen mijn geest en lichaam eindelijk
weer bij elkaar

- *thuis in mezelf*

inhoud

geest

ik ben in de donkerste kamer van mijn leven

misschien ben ik met haar uit de baarmoeder gekomen
zou je geboren kunnen worden
met zo'n gevoel van melancholie
misschien kwam ze me tegemoet op het vliegveld
nestelde ze zich in mijn paspoort
en bleef ze bij me
lang nadat we waren geland
in een land dat ons niet wilde
misschien was ze te lezen op mijn vaders gezicht
toen hij ons opwachtte bij de bagageband
en ik geen idee had wie hij was
misschien heeft de verkrachter haar achtergelaten
of de crimineel die ik mijn vriendje noemde
misschien heeft hij haar erin geslagen
misschien heb ik de ware ontmoet
en ben ik haar kwijtgeraakt
misschien gaf de liefde
van mijn leven haar als afscheidscadeau
of misschien
komt ze door al die dingen tezamen

- *waar de depressie vandaan kwam*

waarom laat ik toe dat mijn geest
onder mijn huid gaat zitten
ik ben zo gevoelig

mijn geest dwaalt af naar duistere hoekjes
en keert terug met redenen
waarom ik niet goed genoeg ben

seks is voor mensen een manier
om in elkaar op te gaan
en weer los te komen
een prachtige aardse ervaring
maar voor mij
was seks het slepende einde
van mijn meisjestijd
hij zei
dat we gingen spelen
hij deed altijd de deur op slot
koos altijd het spelletje
toen ik zei dat hij moest ophouden
zei hij dat ik erom vroeg
maar wat wist ik
van onvrijwillige orgasmes
en macht
en instemming
toen ik 7. 8. 9. en 10 was

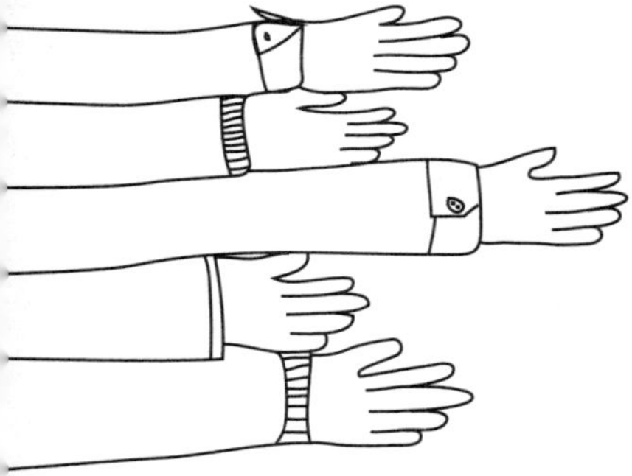

ik zal zwijgen als
wij *seksueel misbruik* kunnen zeggen
en zij
stoppen *leugenaar* te roepen

depressie is stilletjes
je hoort haar niet aankomen
maar opeens is ze
de luidste stem in je hoofd

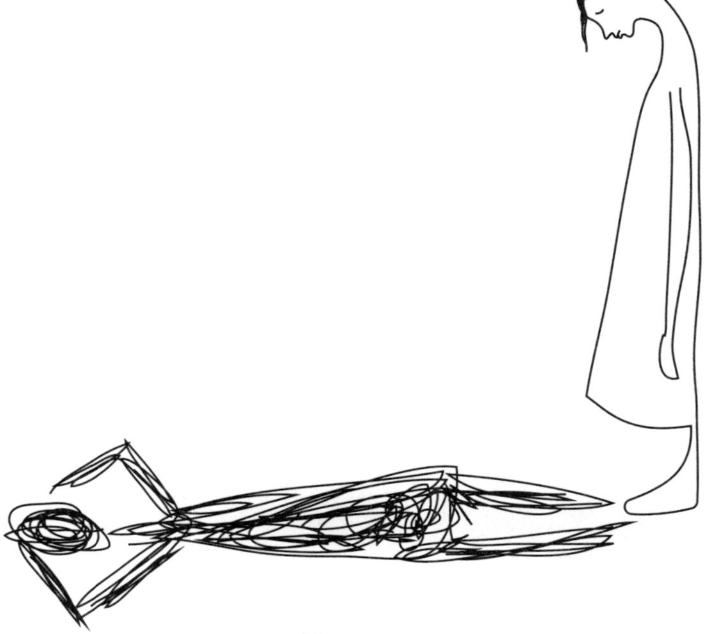

mijn geest
mijn lichaam
en ik
huizen allemaal op dezelfde plek
maar het voelt alsof we
drie totaal verschillende mensen zijn

- *vervreemd*

terwijl iedereen
zijn leven leidde vol kleur
omhulde de depressie me met een grauwsluier

niets is voor altijd
laat dat de reden zijn dat je blijft
zelfs deze nare verwrongen ellende
zal niet voortduren

- *hoop*

nooit heb ik iets gekend wat zo
stilzwijgend schreeuwt als angst

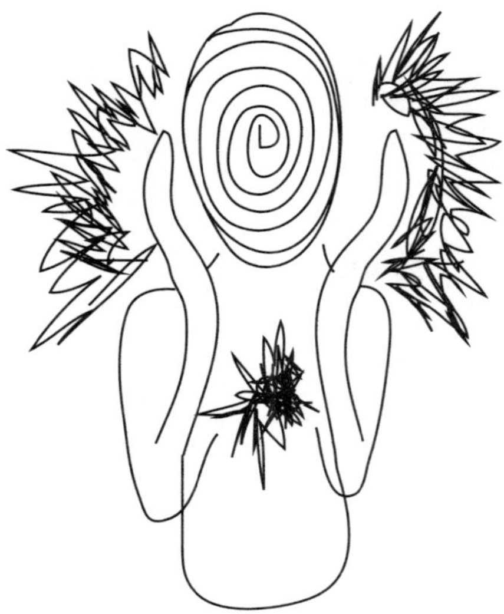

als je zou kunnen accepteren
dat perfectie onmogelijk is
waar zou je je dan nog druk om maken

je bent eenzaam
maar je bent niet alleen

- *er is een verschil*

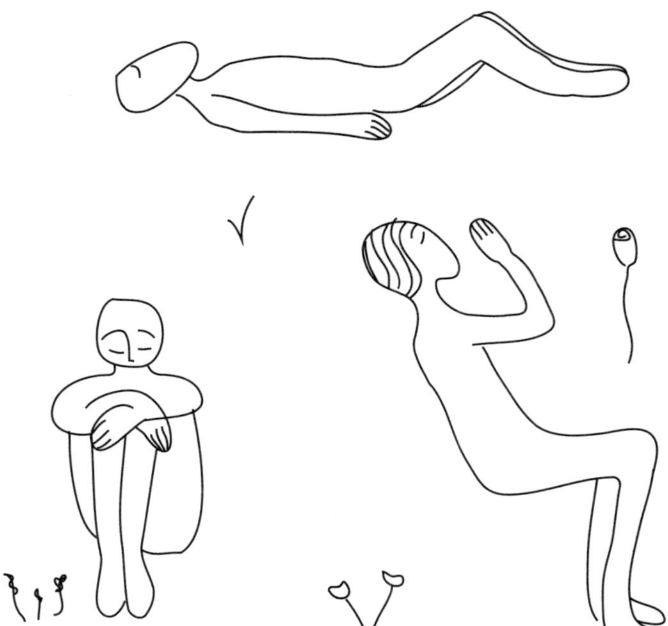

het voelt alsof ik toekijk hoe mijn leven zich op een tv-scherm met veel ruis afspeelt. ik voel me ver van deze wereld verwijderd. bijna als een vreemde in dit lichaam. alsof elke blije herinnering uit de kroes van mijn brein is gespoeld. ik sluit mijn ogen en kan me niet herinneren hoe blij zijn voelt. mijn hart vermorzelt mijn maag bij het idee dat ik 's ochtends moet opstaan en moet doen alsof ik niet telkens weer verwelk. ik wil mijn hand uitsteken en dingen aanraken. ik wil voelen hoe ze mij aanraken. ik wil leven. ik wil de vitaliteit van mijn leven terug.

misbruik komt niet alleen
in liefdesrelaties voor
misbruik kan ook bestaan
in vriendschappen

ik verdween achter de coulissen
toen de voorstelling voorbij was
en bad dat de misère
me niet meer levend opvrat
ik was ziek
en deed alsof ik niet ziek was
de optredens hielden me gaande
thuiskomen in een
leeg appartement was erger
zonder werk had ik niets om naar uit te kijken
en verzonk ik maandenlang in een depressie
murw van verdriet
mijn ogen geopend
maar mijn geest doolde in een andere dimensie
schrijf het boek zeiden ze
ga weer optreden
waarom duurt het zo lang

\- *leeg*

ik wil leven
ik ben alleen bang
dat ik niet kan voldoen aan het beeld
dat mensen van me hebben in hun hoofd
ik ben bang om ouder te worden
bevreesd dat ik nooit meer iets schrijven
zal wat de moeite waard is om te lezen
dat ik de mensen die op me rekenen
zal teleurstellen
dat ik nooit zal leren om gelukkig te zijn
dat ik op een dag weer kapot ga
dat mijn ouders zullen sterven
en ik uiteindelijk alleen achterblijf

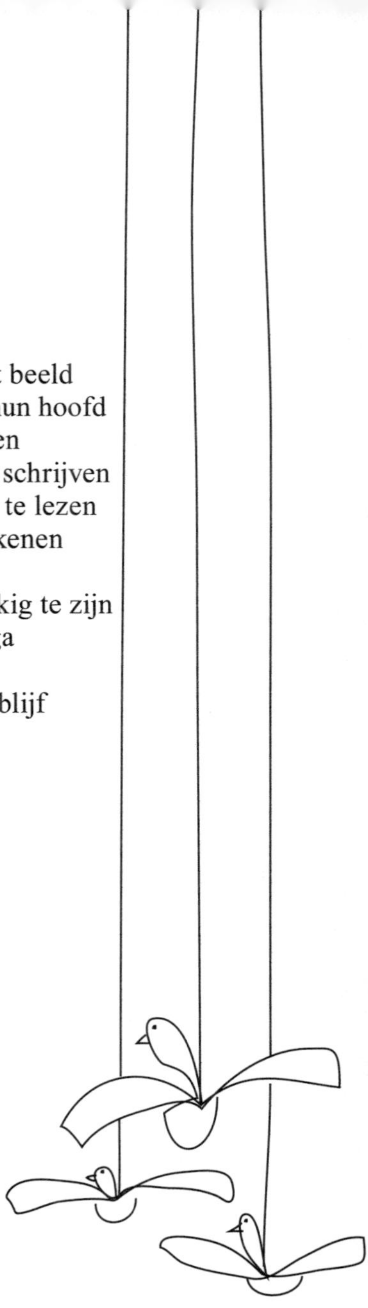

misbruikt worden als kind was de verwarrendste ervaring van mijn leven. seks leren kennen zonder enig idee van het concept ervan heeft me op meer manieren beschadigd dan ik me bewust ben. om zo jong een orgasme te voelen. om bedreigd te worden. opgerekt te worden. gekneusd. gebeten. bespuugd. om op vierjarige leeftijd vrouw te worden. om zo vertrouwd te zijn met angst. die in mijn nek hijgt. om als verlamd te zijn. om als versteend te zijn. verstijfd. stil. en de schaamte van de hele wereld te dragen.

de noodzaak te overleven
heeft een vuur in me doen ontvlammen

ik wil worden geknakt
gebroken
gebeukt
ik wil opengaan waar ik dichtzit
de geheime deur vinden
mezelf uit mij bevrijden
ik wil iets
wat me bij mijn nek vastgrijpt
me doormidden splijt
en me weer het gevoel geeft dat ik leef

- *ik wil me niet meer verdoofd voelen*

ik vertrouw op de onzekerheid
en geloof erin dat het
uiteindelijk allemaal
wel goedkomt met mij

er is niets mis met jou
dit is groei
dit is transformatie
jezelf beschermen
verdwaald raken in het leven
het doorgronden
je gebruikt voelen
ongeborgen
de hoop verliezen
uitdoven
dit is angst
dit is verwerken
dit is overleven
dit is leven

- *reis*

je verliest alles
als je niet van jezelf houdt

- *en wint alles als je dat wel doet*

ik ben niet mijn slechtste dagen
ik ben niet wat mij is overkomen

- *geheugensteuntje*

er zitten zwarte gaten
in sommige jaren van mijn leven
mijn therapeut zegt dat onze geest trauma wist
zodat we verder kunnen
maar alles wat ik heb meegemaakt
staat in mijn vlees gegrift
ook al is mijn geest het vergeten
mijn lichaam herinnert zich
mijn lichaam is de landkaart van mijn leven
mijn lichaam draagt wat het heeft doorstaan
mijn lichaam doet de alarmbellen afgaan
als het denkt dat er gevaar dreigt
en opeens
komen de hongerende demonen uit mijn verleden
tierend uit mijn vlees
schreeuwend
waag het niet ons te vergeten
waag het niet
ons ooit nog achter te laten

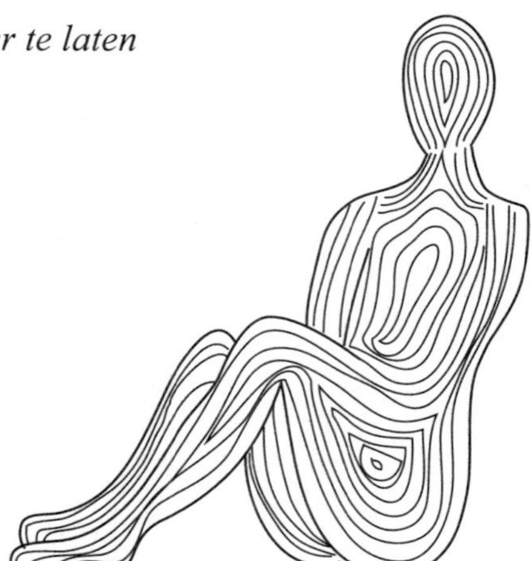

of ik romantiseer het verleden
of ik maak me druk om de toekomst
het is niet zo raar
dat ik niet het gevoel heb dat ik leef
ik leef niet
in het enige moment dat echt is

- *het heden*

angst voelt alsof ik hang
aan de rand van een gebouw
en mijn hand
elk moment kan wegglijden

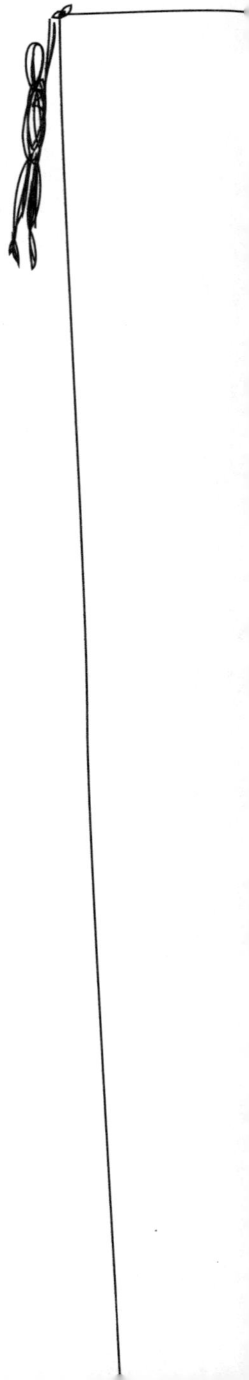

hoe kan ik zo
hardvochtig zijn voor mezelf
terwijl ik doe wat ik kan

- *wees lief*

lijstje met dingen om je gemoed te helen:

1) huil het. loop het. schrijf het. schreeuw het. dans het je lichaam uit.
2) als je dan nog steeds
de controle dreigt te verliezen
vraag jezelf dan af of wegzakken in het slijk
het wel waard is
3) het antwoord is nee
4) het antwoord is ademen
5) nip van je thee en voel je zenuwen bedaren
6) jij bent de held van je leven
7) dit gevoel heeft geen macht over jou
8) het universum heeft je zo gemaakt dat je dit aankunt
9) hoe duister het ook wordt
het licht is altijd in aantocht
10) jij bent het licht
11) breng jezelf terug naar waar de liefde woont

ik ben niet gebroken
door de depressie
ik ben geen mindere versie van mezelf
vanwege de angst
ik ben een heel
compleet
en gecompliceerd mens

- *volledig*

ik koester mezelf het duister uit

ik haal nog adem
dat moet een teken zijn dat
het universum aan mijn kant staat
als ik zover heb kunnen komen
red ik het ook tot het einde

stel je voor wat we zouden kunnen bereiken als
we onze energie niet hoefden te steken
in het beschermen van onszelf tegen
het maatschappelijk probleem van verkrachting

het grootste deel van mijn leven
raakten wij tweeën elkaar aan
huid op huid
in onze nachten samen
en soms op onze dagen
je droeg me als mijn ledematen weigerden
toen ik zo ziek was dat ik me niet kon bewegen
nooit werd mijn gewicht je te veel
nooit klaagde je
je was getuige van al mijn dromen
mijn seks
mijn schrijfsels
mijn tranen
elk kwetsbaar moment van mijn leven
deelde ik met jou
wij tweeën schuddend van het lachen
en als ik zo dwaas was om een dwaas te vertrouwen
bedreef ik de liefde op jou
dagenlang verdween ik om slechts
met lege handen terug te keren
je nam me altijd weer terug
als de slaap niet wilde komen
lagen we samen wakker
jij bent de omarming van mijn leven
mijn biechtstoel
mijn altaar
ik ging van meisje naar vrouw op jou
en aan het einde
zul jij het zijn – oude vriend
die me uitgerust naar de dood brengt

- er is geen intiemere plek dan een bed

je bent het niet kwijt
geluk is er altijd geweest

- *je verloor het alleen uit het oog*

wat we hebben doorstaan
leeft in ons voort

ik ben geen slachtoffer van mijn leven
wat ik heb doorstaan
heeft een krijger in me doen opstaan
en het is een geweldige eer haar te mogen zijn

uit liefde voor het leven
doe ik mijn best om hoop te houden
ik blijf elke nieuwe dag verwelkomen
met een *ik zal*
al voelt het of ik het niet kan
ik zal
ik zal
ik zal
een dag beleven die me weer zacht maakt
ik zal in beweging komen en het verdriet *zal*
van mijn schouders vallen
om ruimte te maken voor vreugde
ik zal vol kleur zijn
ik zal de hemel weer raken

ik wil een optocht
ik wil muziek
ik wil confetti
ik wil een fanfare
voor degenen die stilletjes overleven
ik wil een staande ovatie
voor iedereen die
wakker wordt en naar de zon beweegt
in weerwil van de schaduw
die hen weer naar binnen trekt

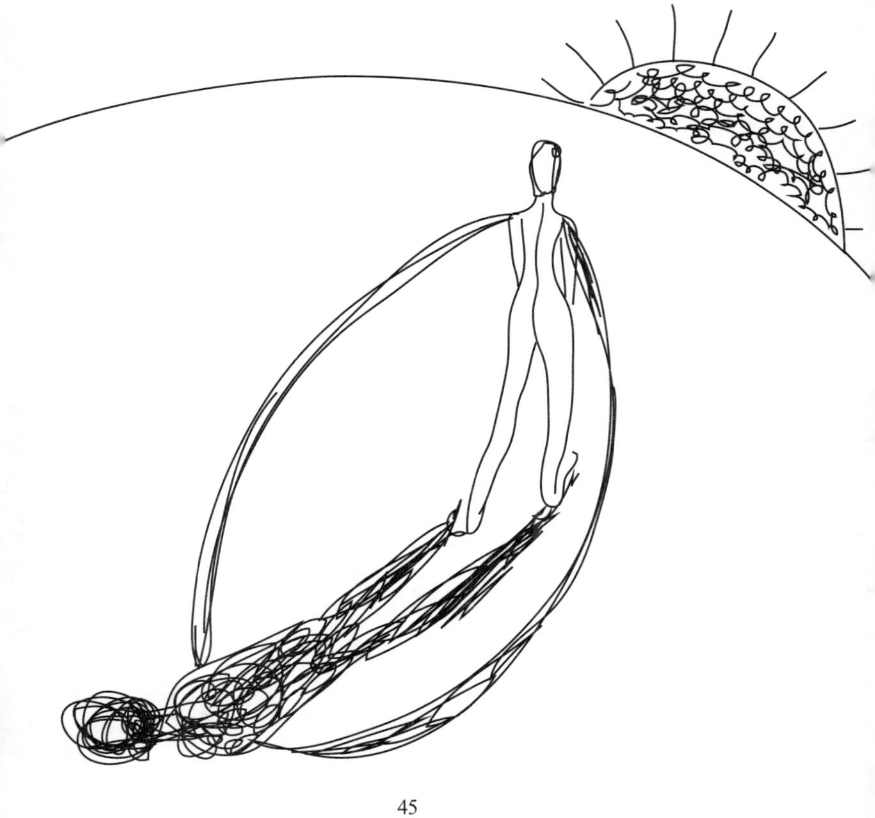

onze pijn vormt de doorgang naar onze vreugde

ik heb er genoeg van teleurgesteld te zijn
in het huis dat me in leven houdt
ik ben uitgeput door de energie die het kost
om mezelf te haten

- *ik leg de haat van me af*

hart

soms
betekent *ik hou van je*
ik wil van je houden

soms
betekent *ik hou van je*
ik blijf nog even

soms
betekent *ik hou van je*
ik weet niet hoe ik moet weggaan

soms
betekent *ik hou van je*
ik kan nergens anders heen

ik vind het lastig onderscheid te maken
tussen gewelddadige relaties
en gezonde
ik weet het verschil niet
tussen liefde en misbruik

- *het lijkt allemaal hetzelfde*

ik probeerde de ware van hem te maken
en ik had er drie jaar voor nodig om te beseffen
dat de liefde zo niet werkt

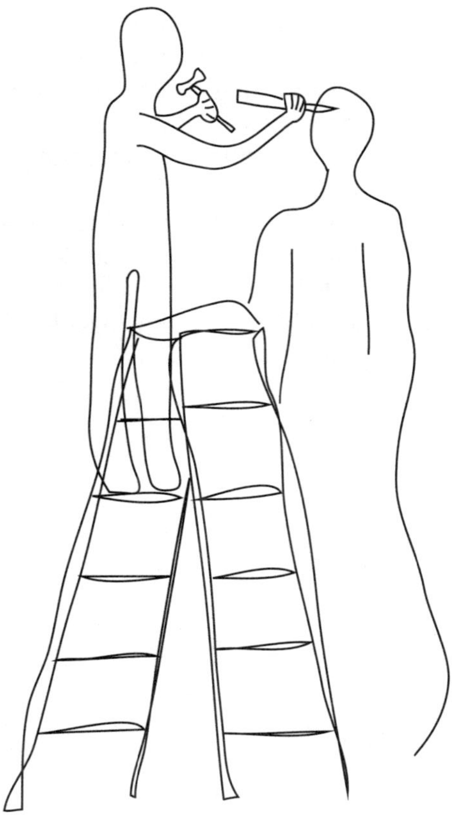

mannen zoals hij zijn experts in
het er uitpikken van meisjes zoals ik
de onzichtbare
die denken dat ze wel lelijk moeten zijn
omdat hun vaders niet van hen hielden
hij zei mijn naam
en ik had nog nooit mijn naam
van de lippen van een man horen dansen
schenk wat aandacht
aan iemand die dat nooit heeft gekregen
en ze vallen als een blok voor je
bij bosjes
buiten zinnen van vreugde
om gewenst te zijn
opgelucht om gekend te worden
hij richtte me zo af dat ik dacht
dat ik niet zonder hem kon leven
zo lokken mannen zoals hij
meisjes zoals ik in de val

- *roofdier*

vraag me niet waarom ik niet wegging
hij maakte mijn wereld zo klein
dat ik de uitgang niet meer zag

- *het verbaast me nog dat ik wist te ontkomen*

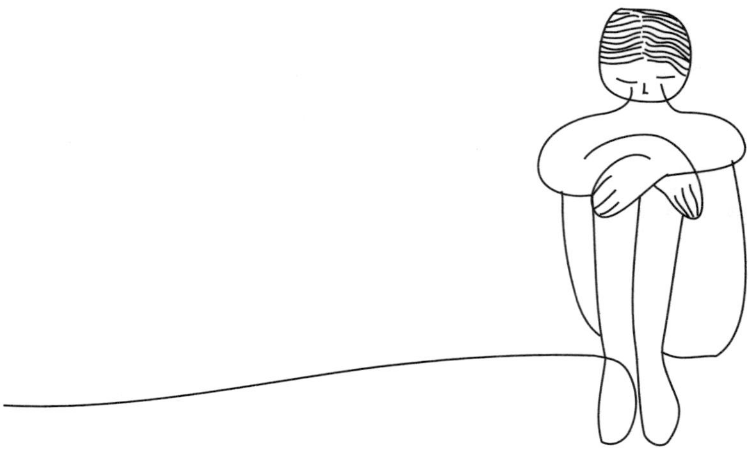

als iemand harteloos is
ga dan niet maar door met hem
het jouwe aan te bieden

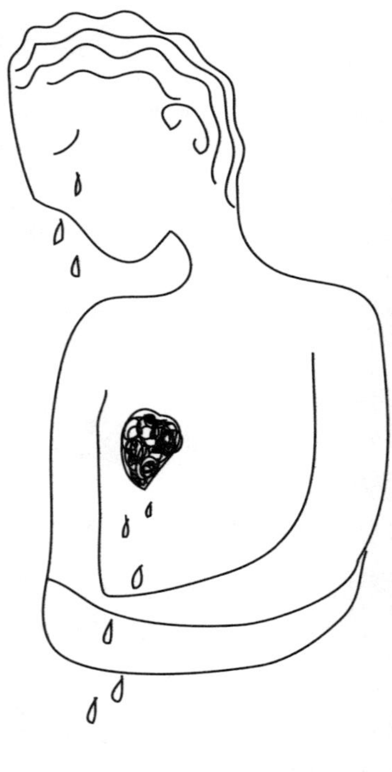

telkens als ik je een stukje van de hemel toonde
was dat een waarschuwing
elk ommetje dat we maakten
door de tuin van mijn leven
alle bloemen die voor jou bloeiden
de pauwen die jouw naam zongen
waren een teken
en toch
na het zien van al mijn magie
kreeg je de kolder in je kop
vertrok en zwierf door deze hele stad
met het idee dat als je mij kon proeven
je nog iets beters zou kunnen krijgen
alles viel erbij in het niet
nu ben je terug
je lichaam neergezegen op mijn vloer
me smekend
om je tussen mijn dijen te klemmen
me mijn heupen in te trekken
je met mijn poesje naar de hemel te laten opstijgen
ik liet jou de mooiste reis van je leven maken
telkens als ik je ene stukje van de hemel toonde
liet ik je visioenen zien
elk ommetje door de tuin van mijn leven
alle bloemen die voor jou bloeiden
de pauwen die jouw naam zongen
waren een waarschuwing voor alles wat je zou verliezen
als je mij zou verraden

- *consequenties*

als je op hen wacht
om het gevoel te krijgen dat je goed genoeg bent
zul je nog heel lang moeten wachten

ik vertrek
omdat ik hier niet gelukkig ben
ik wil aan het einde van mijn leven
niet nog steeds twijfelen over
de man met wie ik al
als twintiger samen was

waarom wordt alles
minder mooi
als we het eenmaal hebben

pas toen ik een gezonde relatie kreeg
besefte ik dat ik niet bang hoefde te zijn
voor degene van wie ik hou

vroeger huilde ik
omdat ik hem maar niet vond
een lieve man die van me hield
nu heb ik er een en
is hij niet genoeg
die anderen stonden altijd
op het punt om weg te gaan

- dat maakte hen zo verleidelijk

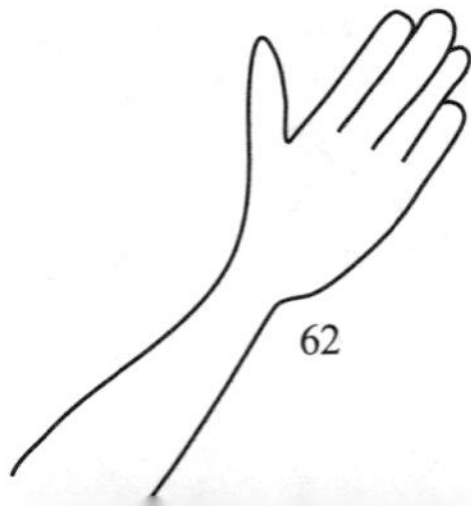

waarom kwets ik degenen
die me willen verheffen en
verafgood ik degenen
die me willen vermorzelen

- hoe ben ik zo geworden

ik weet niet wat ik aan moet met een man
die bij me wil blijven
voor de rest van ons leven

ik ben bang dat ik niet degene zal vinden die me ziet
en op me afrent om me in te ademen
ik ben bang dat ik te wanhopig overkom
ik vrees dat hij me zal bedriegen
met een vrouw nog briljanter
nog aantrekkelijker
nog meer mij op alle mogelijke manieren
doodsbang dat dit zal bevestigen wat ik al weet
dat ik niet genoeg ben om voor te blijven
waar is die brandende lucifer die me
in vuur en vlam zal zetten
stel dat ik de ware voorbij ben gelopen
op een straathoek
stel dat ik diegene al had gevonden
en het heb verpest
wie zal genoeg van mij houden
om energie te steken in het dichter bij
iemand komen die zo grillig is
stel dat degene die ik wil
iemand is die me aanraakt en weer gaat
en dat degene die niet gaat
iemand is wiens aanraking ik niet verdraag
zal het altijd slechte timing zijn
zal ik er ooit zeker van zijn
zal ik rust vinden
zal ik altijd alleen blijven

je partner hoort
je leven te verrijken
niet te leeg te zuigen
blijven als het pijn doet is geen liefde

ik ben te verliefd op mijn leven
om alles op te geven
voor de volgende man
die me vlinders in mijn buik bezorgt
terwijl ik in de spiegel zou kunnen kijken
en mijn adem zou stokken

de liefde van familie
vrienden en gemeenschap
is even krachtig
als de liefde
van een romantische relatie

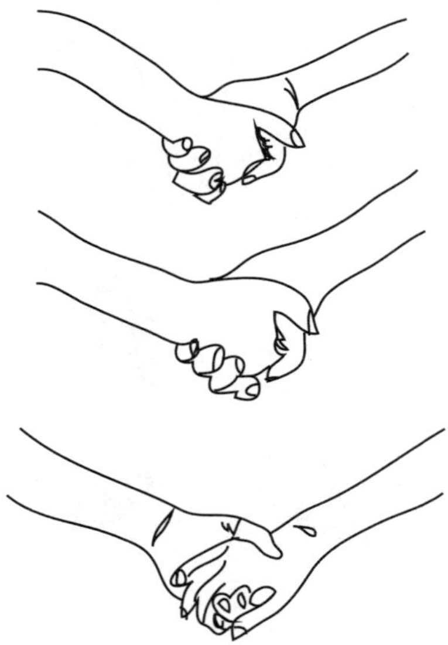

niets weegt op
tegen het gevoel
dat de vrouwen in mijn leven
me geven

het is onmogelijk
dat één persoon
je kan vullen
op alle manieren
waarop je gevuld zou moeten worden
je partner
kan nooit alles voor je zijn

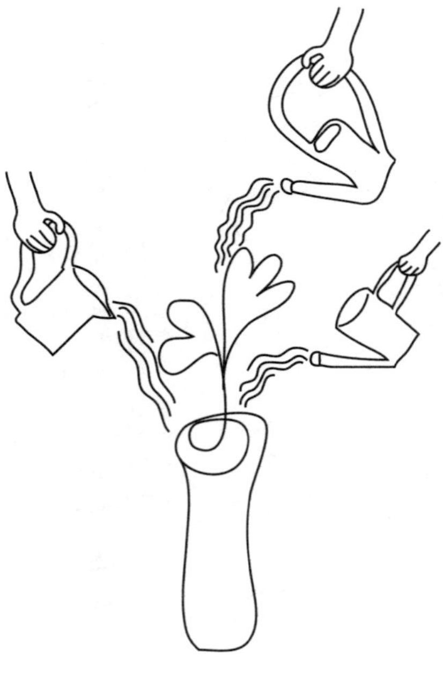

ik kan leven zonder geliefde
maar zou niet overleven zonder
de vrouwen die ik mijn vriendinnen noem
ze weten precies wat ik nodig heb
voordat ik dat zelfs maar besef
de manier waarop we ruimte maken
voor elkaar is echt speciaal

een man kan me niets geven
wat ik mezelf niet kan geven

- dingen die ik mijn jongere zelf graag had willen vertellen

masturbatie
is meditatie

in een wereld die mijn lichaam
niet ziet als iets wat van mij is
is zelfbevrediging een daad
van zelfbehoud
als ik me vervreemd voel
maak ik contact met mijn kern
aanraking voor aanraking
kom ik weer tot mezelf
in het orgasme

ik ga me niet
dommer voordoen dan ik ben
zodat een man zich
meer op zijn gemak voelt bij mij
degene die ik verdien
zal zien hoe geweldig ik ben
en dat alleen maar stimuleren

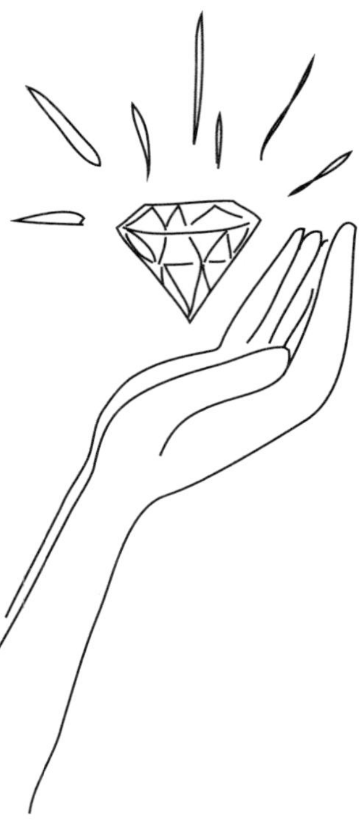

ik wil dat je alles wist
wat je over de liefde weet
en begint met dat ene woord
goedheid
geef het aan die ander
en ontvang het
wees als twee pilaren
gelijkwaardig in jullie liefde
dan zullen jullie koninkrijken kunnen dragen

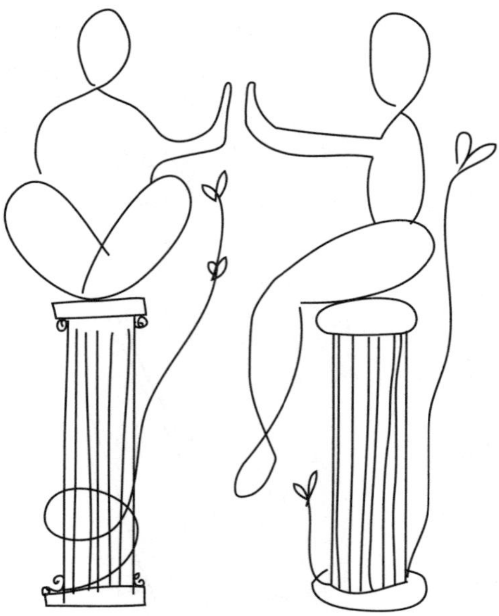

ik sla mijn heilige benen
om zijn zware hoofd
en laat zijn tong zwemmen
naar de verlossing

- *doop*

ik wil iemand die
zich laat inspireren door mijn schittering
en zich er niet door bedreigd voelt

kijk me in de ogen
als je je daarbeneden
tegoed doet

- *ik wil dat je ziet wat je met me doet*

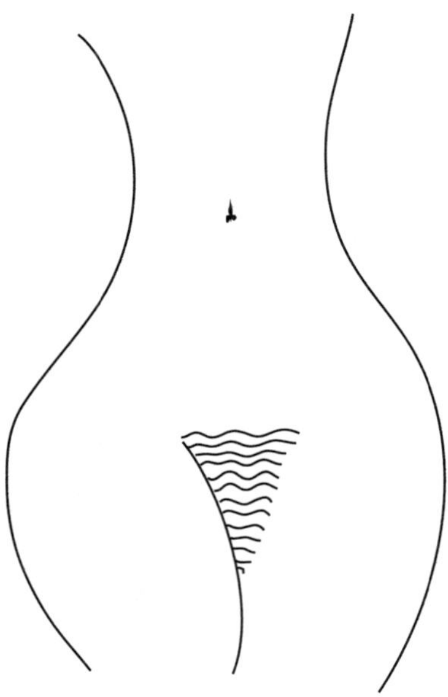

ik ben kieskeurig in
aan wie ik mijn energie besteed

- *ik weet wat ik waard ben*

mijn lichaam is koortsig van verlangen naar jou
ik ben kletsnat tegen de tijd dat we ons uitkleden
ik wil het soort liefde dat
me doet opstijgen
naar een andere werkelijkheid
ik wil je zo diep
dat we hogere werelden betreden
dat we gaan van zacht naar ruw
ik wil oogcontact
mijn benen spreiden
naar weerszijden van de kamer
en zien met jouw vingers
ik wil dat mijn ziel wordt geraakt
door een glimp van de jouwe
ik wil uit deze kamer
komen
als andere mensen

- *kun jij dat doen*

rust

er zijn jaren in mij
die niet hebben geslapen

ik meet mijn eigenwaarde af
aan hoe productief ik ben geweest
maar hoe hard
ik ook werk
ik blijf me ontoereikend voelen

- *schuldgevoel over niet productief zijn*

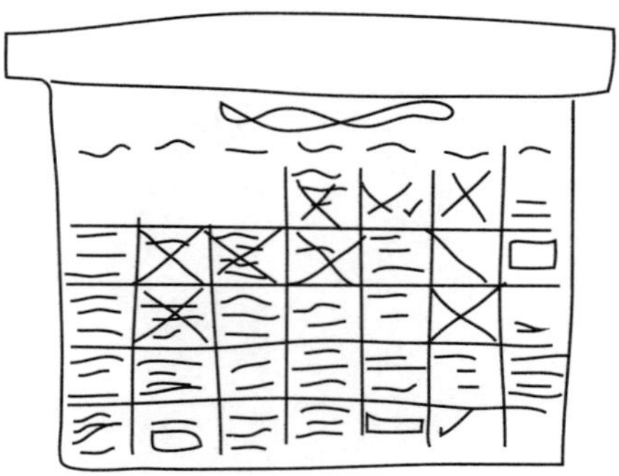

ik vrees dat
mijn beste jaren achter me liggen
en niets hierna daar nog aan kan tippen

productivity anxiety

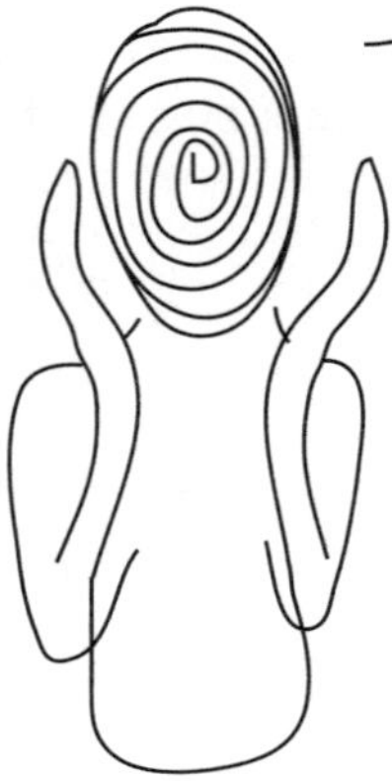

ik word geplaagd door de angst
dat iedereen harder werkt dan ik
en dat ik word achtergelaten
omdat ik niet snel genoeg werk
niet lang genoeg
en mijn tijd verdoe

ik neem geen tijd voor mijn ontbijt
maar eet onderweg
ik bel mijn moeder als ik vrij ben – anders
kost het gesprek me te veel tijd

ik stel alles uit wat
me niet dichter bij mijn dromen brengt
alsof de dingen die ik uitstel
niet de dromen zelf zijn

is het dan geen droom
dat ik een moeder heb die ik kan bellen
en een tafel waaraan ik kan ontbijten

in plaats daarvan verlies ik me in de zieke dwang
elk uur van mijn dag optimaal te benutten
zodat ik me op welke manier dan ook verbeter
en op welke manier dan ook geld verdien
mijn carrière op welke manier dan ook stimuleer
want dat vergt het nu eenmaal
om succesvol te zijn
jawel

ik graaf mijn leven op
verpak het mooi
verkoop het aan de wereld
en als ze om meer vragen
spit ik tussen de botten
en probeer ik gedichten te schrijven

kapitalisme ging in mijn hoofd zitten
en doordrong me van het idee dat wat ik waard ben
afhangt van hoeveel ik produceer
van wat anderen consumeren
kapitalisme ging in mijn hoofd zitten
en doordrong me van het idee
dat ik alleen iets waard ben
als ik werk

ik heb er ongeduld door geoogst
ik heb er onzekerheid door geoogst
en als ik zaadjes plant
verwacht ik de dag erop al bloemen te zien

maar magie
werkt zo niet
magie ontstaat niet
omdat ik heb ontdekt hoe
ik nog meer werk in een dag kan proppen
magie komt in beweging
door natuurwetten
en de natuur heeft haar eigen ritme
magie ontstaat
als we spelen
als we ontsnappen
dagdromen en fantaseren
daar wacht alles
dat ons kan vervullen
in alle rust op ons

- *de angst om niet productief te zijn*

als we werken
in ons eigen tempo
kunnen we nog steeds
succesvol zijn

a lifetime on the road

toen ik klein was
werkte mijn vader zes dagen per week
en reed hij als chauffeur op een enorme vrachtwagen
van het ene naar het andere einde van het continent

als hij thuiskwam
na een week op de weg
lagen wij kinderen al te slapen
ik werd altijd wakker bij het opengaan van de voordeur
het souterrain waar we woonden was klein
ik hoorde hoe mijn moeder in de keuken
een vers maal van dal en roti voor hem bereidde

papa at
douchte
en kroop in bed
maar zodra hij zijn ogen sloot
belde zijn baas en zei

ga weer op pad
en dan zagen we papa
met lede ogen alweer vertrekken

als je een immigrant bent
houd je je koest en werk je door
als je een vluchteling bent
zonder papieren
als ze je een illegaal noemen
een buitenstaander
een terrorist
een kopvod
dan werk je je het vel van de botten
en kun je alleen van jezelf op aan

telkens als hij bij een nieuw bedrijf begon
moest hij maandenlang voor niets werken
tijdens hun verplichte 'opleidingsperiode'
grappig dat een opleiding nodig was
voor een man die al zijn diploma's had
gekwalificeerd
en ervaren was

als hij na drie maanden
nog geen cent had verdiend
vroeg papa om compensatie
en boden ze hem
vijf cent voor elke mijl die hij reed

toen hij jaren geleden een vracht vervoerde
van montreal naar florida
belandde hij in een ziekenhuis

ergens midden in de verenigde staten
omdat zijn blindedarm
op knappen stond

toen de arts hem vertelde
dat hij onmiddellijk geopereerd moest worden
keek hij haar aan en zei
dat kan ik me niet veroorloven
kan dit niet wachten tot ik weer in canada ben

wanneer ben je weer thuis vroeg de arts

over drie dagen zei hij
en ze keek hem aan alsof hij
gek geworden was

gelukkig
kon ze het niet verdragen
dat hij zijn leven wilde riskeren
en heeft ze hem die avond gratis geopereerd
en weet je wat mijn vader deed
pal nadat ze hem hadden dichtgemaakt
hij verliet het ziekenhuis
klom in zijn vrachtwagen
leverde de vracht af
en reed in drie dagen terug naar huis

waarom heb je jezelf dat aangedaan vroeg ik
hij haalde zijn schouders op en zei
mijn baas wilde geen vlucht naar huis voor me regelen
waar had ik mijn vrachtwagen moeten laten

ik kon niet terugrijden met een oplegger
vol niet-afgeleverde auto-onderdelen
en ontslag riskeren

terwijl ik naar hem luisterde
dacht ik alleen maar dat
niemand zo zou moeten zwoegen
ik ben er elke keer weer stuk van als ik hoor
dat iemand almaar ploetert
voor een schijntje van wat hij waard is
hoe doen we 's nachts een oog dicht
in de wetenschap dat ons systeem
het fundament van onze maatschappij behandelt
als tweederangsburgers
terwijl zij er juist voor zorgen
dat de raderen van deze wereld blijven draaien

ik wil mijn vader
een leven lang rust geven
voor het leven dat hij doorbracht
op de weg om ons te eten te geven
ik wil dat hij weet
hoe comfort voelt
ik wil dat hij inziet
dat hij genoeg heeft gedaan

- *een leven lang op de weg*

als de kinderen op school vroegen
waar mijn moeder werkte
loog ik en zei *in de fabriek*
net als alle andere moeders
ik schaamde me te veel om toe te geven
dat ze geen 'echte baan' had
hoewel 'thuisblijfmoeder' betekende
dat ze fulltime werkte als verzorger
chauffeur
kok
secretaresse
leraar
schoonmaker
beste vriendin
van vier kinderen en
dat de definitie die de wereld aan 'echte baan' gaf
de lading daarvan bij lange na niet dekte

- *waarde*

we stonden altijd in de overlevingsstand
nog lang nadat dat niet meer hoefde

- *gewoonte*

ik zit gevangen in
een vicieuze cirkel
ik ren weg om mijn eigen leven op te bouwen
en ren weer terug
uit schuldgevoel dat
ik te weinig tijd met hen doorbreng

- *ouderschuld*

ik dacht altijd dat mijn bruine immigrantenlijf
harder moest werken
dan alle anderen in het vertrek
omdat dat me de moeite waard maakte

onze ouderen zijn geen wegwerpproducten

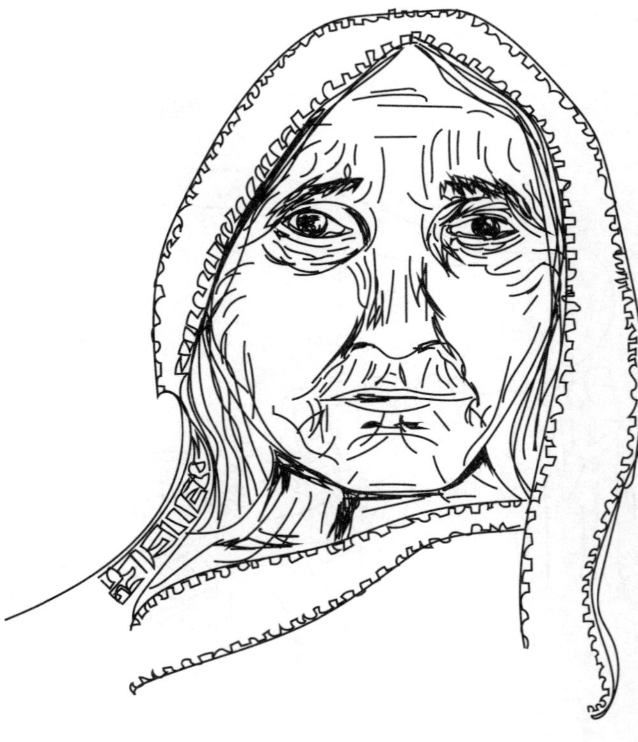

het land spreidde zijn ledematen uit
en zei *ga maar lekker liggen*
de bomen zeiden *we zullen je leven geven*
de lucht zei *adem me in*
de aarde zei
zorg goed voor wat voor jou zorgt
en wij keerden ze de rug toe

- *verraad*

we hebben ons enige thuis
verwoest omwille van
gemak en gewin
daar hebben we echter
niets aan als de aarde
geen adem meer krijgt

dat we in de speeltuin van de aarde het luidruchtigst zijn
maakt ons nog niet belangrijker dan
de grond die we onder onze voeten pletten
we zijn niets anders dan lucht
en vuur en water en zand
we zijn een volk
dat vergeet wat ons heeft gevormd
een volk dat praat over het weer
alsof het doodgewoon in plaats van magisch is
alsof de oceanen
geen heilig water bevatten
alsof de hemel
geen droombeeld is
alsof de dieren
niet onze naasten zijn
alsof de natuur niet goddelijk is
en de regen niet gods tranen
en wij niet gods kinderen
alsof god niet de aarde zelf is

ik probeerde in een systeem te passen
dat me compleet heeft uitgehold

- *kapitalisme*

ik dacht dat ik
gelukkig zijn
kon nastreven
maar niets wat ik aan de buitenkant deed
kwam zijn belofte
van voldoening na

het geluk werd oud
terwijl het op me wachtte
en ik werd oud
terwijl ik zocht naar geluk
op plekken waar zich dat niet bevindt

onze zielen
worden niet getroost
door wat we bereiken
hoe we eruitzien
of door al ons gezwoeg
zelfs als we in staat waren
al het geld ter wereld te verdienen
zouden we nog een leegte voelen
onze zielen hunkeren naar verbondenheid
diep vanbinnen verlangen we naar de ander
alleen in de verbinding met elkaar
voelen we dat we leven

ik raak telkens weer verdwaald
in waar ik naartoe wil
ik vergeet dat de plek waar ik nu ben
al best betoverend is

ik mis de tijd waarin mijn vriendinnen
elk alledaags detail van mijn leven kenden
en ik elk doorsnee detail van het hunne
volwassenheid speent me van die consistentie
van dat *ons*
de wandelingen door de buurt
de lange gesprekken waarin we
zo opgingen dat we de tijd gewoon vergaten
toen we overwonnen en feestten
toen we faalden en niettemin feestten
toen we nog *gewoon kinderen* waren
nu hebben we onze uiterst belangrijke banen
die onze drukke levens bepalen
zelfs voor koffiedrinken trekken we onze agenda's
en meestal zegt een van ons alsnog af
omdat volwassenheid zo uitputtend is
dat we vaak de deur niet eens meer uitgaan
ik mis het gevoel van vroeger
dat ik deel uitmaakte van een groter geheel dan mezelf
maakte het leven makkelijker

- *vriendschapsnostalgie*

we hebben de dingen al die ons compleet maken
het zijn alleen geen dingen
het zijn mensen
en vrolijkheid en verbinding

- *onvervangbaar*

je hebt dan misschien wel
het werk aan de buitenkant verricht
maar je geest smacht
naar innerlijke aandacht

- *luister*

ik gooi het hele concept van
vercommercialiseerde zelfhulp uit het raam
ik heb er genoeg van producten en diensten te kopen
die me niet helpen me beter te voelen

- loze beloftes

ik maal niet om perfectie
liever wentel ik me
in de rommeligheid van het leven

we denken dat we verdwaald zijn
omdat onze vollediger
gegronde en complete zelf
zich ergens in de toekomst bevindt
we zwoegen op handen en knieën
omdat we denken dat zelfverbetering
ons zal helpen die te vinden
maar jezelf vinden is klinkklare onzin
waar nooit een einde aan komt
ik heb er genoeg van het leven af te schrijven totdat
ik meer informatie heb over wie ik ben
ik ben elke maand weer een ander
altijd in wording en ontwording
en weer in wording
ons volledigere zelf ligt niet in de toekomst
maar bevindt zich in het hier en nu
in het enige moment dat echt is
ik hoef niet gerepareerd te worden
ik zal mijn leven lang naar antwoorden zoeken
niet omdat ik maar half af ben
maar omdat ik briljant genoeg ben om te blijven groeien
alles wat nodig is om een intens leven te leiden
ligt al in mij besloten

\- *ik ben compleet juist omdat ik imperfect ben*

productiviteit meet ik niet af aan hoeveel
werk ik op een dag verricht
maar aan hoe goed ik afweeg
wat ik nodig heb om gezond te blijven

- *productiviteit is weten wanneer je moet rusten*

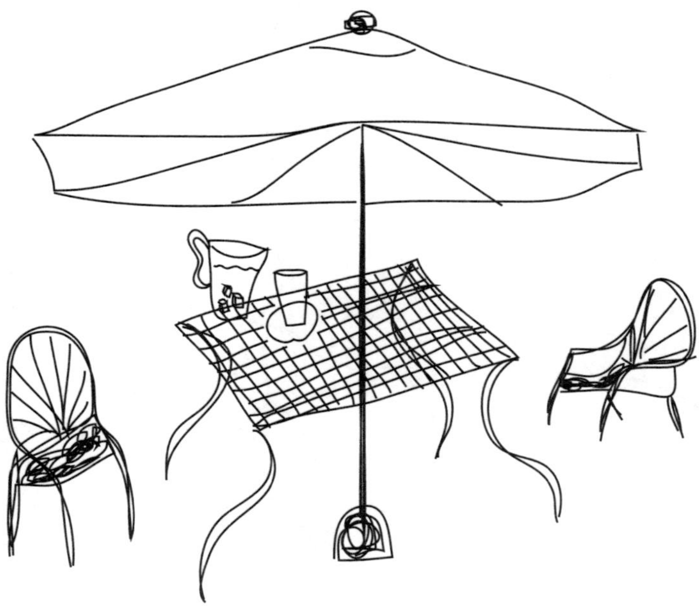

ik moet mijn geest en lichaam eren
als ik deze reis wil volbrengen

- *het leven*

niemand is bevoegd om te bepalen wat je waard bent
jij staat elke ochtend op om jouw leven te leiden
jouw mening over jezelf
is de enige die van belang is

kleine dichter
het lijkt wel of hoe meer woorden je schrijft
hoe sterker je ervan overtuigd raakt
dat jij degene bent die ze neerpent
waarom denk je de controle te hebben
stroomden de woorden
de eerste keer niet zonder jouw toestemming
tollend uit jou
en nu probeer je
ze naar jouw hand te zetten
maar magie voltrekt zich niet op die manier
jouw haast
smoort de meesterwerken
die in jou ontkiemen
het is jouw taak
beschikbaar te zijn
wees geduldig en als het zover is
zal het universum je weer gebruiken

- *inspiratie*

als je het hebt geprobeerd
maar het liep anders
dan je had gewild
is dat nog steeds progressie

rustig nou smeekte ik mijn geest
jouw gepieker
beneemt ons de vreugde

niet alles wat je doet hoeft
tot zelfverbetering te leiden
je bent geen machine
je bent een mens
zonder rust
zal je inzet nooit volledig zijn
zonder spel
zal je geest nooit worden gevoed

- *balans*

als we spelen vergeten we de tijd

als je je creativiteit wilt aanboren
moet je leren
dingen te doen die geen nut hebben
kunst wordt niet gemaakt
door aldoor te werken
eerst moet je
op pad gaan en leven

- *de kunst zal komen*

zit jezelf niet in de weg
zit jezelf niet in de weg
zit jezelf niet in de weg

ik heb er genoeg van om
mezelf te bewijzen
aan mezelf

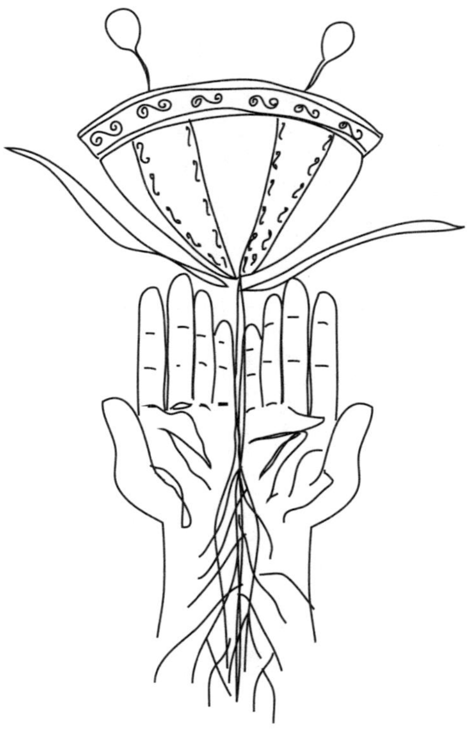

ik kreeg zelfvertrouwen
toen ik besloot dat plezier maken
veel belangrijker is dan
mijn angst om voor gek te staan

- *dansen in het openbaar*

we hebben zo hard gewerkt
om zo ver te komen
we kunnen het ons veroorloven
te vertragen en
te genieten van het uitzicht

ontwaken

ik ontwaak
uit de langste nacht van mijn leven
het is jaren geleden dat ik de zon zag

- *ontwaken*

je kunt een vrouw die
gemuilkorfd ter wereld is gekomen
de mond niet snoeren

ik viel uit de mond van mijn moeders benen
in de handpalm van deze wereld
terwijl de godin in mij woedde

- *geboorte*

ik heb betaald met bloed om hier te zijn. ik heb betaald met een jeugd die was vergeven van grotere monsters dan jij. ik ben vaker tot stomheid geslagen dan ik op deze aarde ben omhelsd. jij hebt niet gezien wat ik heb gezien. mijn diepste dal was zo duister dat het wel de hel moet zijn geweest. ik heb er tien jaar over gedaan om eruit te klimmen. met blaren op mijn handen. met opgezwollen voeten. mijn geest zei *ik kan er niet meer tegen*. ik droeg mijn geest op *houd je flink. we zijn hier voor vreugde gekomen. en we gaan ten volle genieten.* ik ben opgejaagd. vermoord. en ben naar de aarde teruggelopen. ik heb de nek gebroken van elk monster dat dacht ermee weg te komen. en nu wil jij *mijn* plek innemen. die ik met het verhaal van mijn leven heb opgebouwd. schat. dat zal niet gaan. ik weet wel raad met een pias zoals jij. ik stoker mijn tanden met dwazen zoals jij. ik heb gespeeld en geslapen en gedanst met grotere duivels.

vertraag op dagen dat
je jezelf niet kunt horen
zodat je geest en lichaam
weer op één lijn komen

- *kalmte*

wat een opluchting
te ontdekken
dat de pijn waarvan ik dacht
dat alleen ik die had
ook wordt gevoeld
door vele anderen

rupi kaur

mijn lichaam hernieuwt zich in golven van zee en bloed

ik heb een ingewikkelde relatie
met het land waar ik ben geboren
onze mannen werden er
afgeslacht op straat
onze vrouwen werden er verkracht
terwijl duizenden werden gemarteld
en door toedoen van de politie verdwenen
de indiase staat ontkent haar daden
maar geen enkele hoeveelheid yoga of bollywood
zal ons doen vergeten
dat zij deze genocide op sikhs heeft georkestreerd

- *in memoriam 1984*

ik zal nooit zwijgen
over de manier waarop mijn
volk in opstand kwam
zodat ik vrij kon zijn

ons leed is de reden
dat ik gedichten ben gaan schrijven
elk woord
dat ik ooit heb geschreven was
om onszelf weer in de armen te sluiten

al zouden ze ons alles afnemen
wat we hadden
dan toverden wij opnieuw
door te zweten en te zwoegen
een prachtig leven tevoorschijn
een koninkrijk opbouwen
uit niets
is nou precies waar wij goed in zijn

wij gaan voor
de politiek van revolutie
vrijheid bestaat pas
als ook de kansarmsten vrij zijn

slaap niet op
de deurmat van jouw potentieel
wachtend tot er iets gebeurt
terwijl jijzelf datgene kunt *zijn*
wat er gebeurt

jij bent slechts één mens
maar als je in beweging komt
voer je een hele samenleving
met je mee

- *je bent nergens alleen*

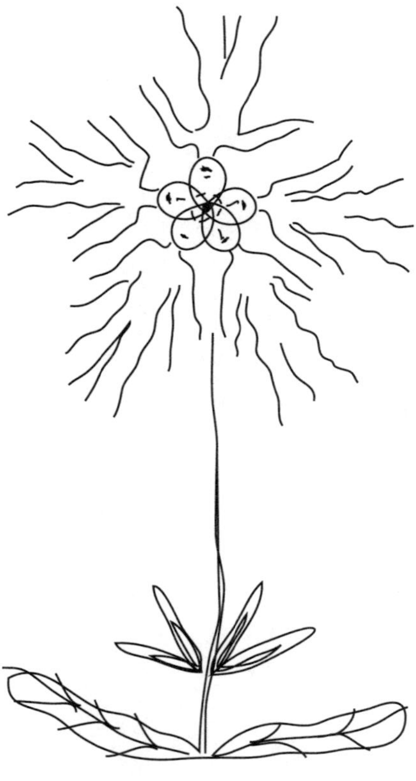

door te leven
in een racistische wereld
worden niet-zwarten
anti-zwart opgevoed
we leren allemaal dat
lichter beter is

- *tenietdoen*

je stem
is je soevereiniteit

- *vrij*

je ziet er moe uit zegt hij
ik draai me naar hem om en zeg
ja ik ben ook uitgeput
ik strijd al tientallen jaren tegen misogynie
hoe verwacht je dan dat ik eruitzie

niemand op deze aarde
verkeert in grotere ontkenning
dan de witte man
die ondanks al
het onomstotelijke bewijs
nog steeds denkt dat racisme en seksisme
en al het leed in de wereld niet bestaat

de wereld is aan het veranderen
voel je hoe
ze zich ontkleedt en iets aantrekt
wat ongemakkelijker en
rechtvaardiger zit

- *golven*

ik moet niets hebben
van een feminisme dat
onderdrukkende systemen
met vrouwen aan de top
als vooruitgang ziet

- *ik ben geen excuustruus*

de toekomstige
wereld van onze dromen
kan niet worden gebouwd
op de corruptie van het verleden

- *haal het omver*

thuis in mezelf

vandaag zag ik mezelf voor het eerst
toen ik de stofdoek haalde
over de spiegel van mijn geest
en de vrouw die terugkeek
benam me de adem
wie was dit wonderschone wezen
deze hemelse aardbewoner
ik raakte mijn gezicht aan en mijn spiegelbeeld
raakte de vrouw van mijn dromen aan
ze schonk me een schitterende lach
en ik knielde neer op de aarde
terwijl ik huilde en verzuchtte
dat ik al mijn hele leven
mezelf ben
zonder mezelf te zien
dat ik al tientallen jaren in dit lichaam huis
en het nooit heb verlaten
maar toch al dit wonderbaarlijke heb gemist
is het niet grappig dat je
een ruimte kunt innemen
zonder ermee in verbinding te staan
hoe lang deed ik er wel niet over
om mijn ogen te openen voor mijn ogen
het hart van mijn hart te omarmen
de zolen van mijn gezwollen voeten te kussen
en hen te horen fluisteren
dank je wel
dank je wel
dank je wel
dat je ons ziet

je hebt alles te winnen
bij in jezelf geloven
toch blijf je aldoor aan jezelf twijfelen

er is een gesprek
diep in jou gaande
schenk je volle aandacht
aan wat je innerlijk
aan het zeggen is

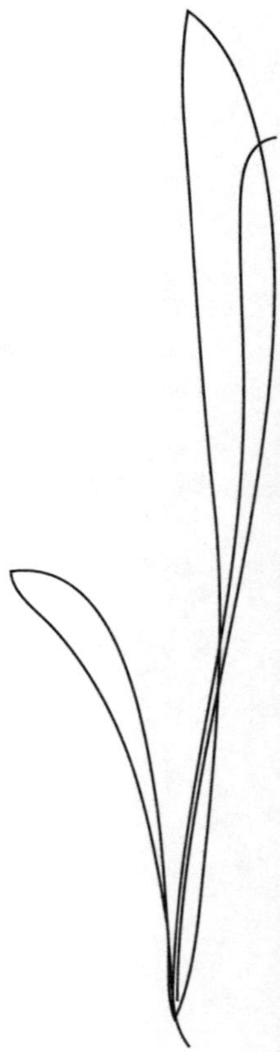

ik verzette me niet meer
tegen nare gevoelens
en accepteerde dat geluk
niets te maken heeft
met je altijd goed voelen

\- *balans*

het is makkelijk om te houden
van onze leuke kanten
maar waarlijke zelfliefde is
het omarmen van de moeilijke kanten
die in ons allemaal huizen

- *acceptatie*

hoor je de vrouwen die mij voorgingen
vijfhonderdduizend stemmen
schallen door mijn keel
alsof dit podium speciaal voor hen gebouwd is
ik weet niet welke delen van mezelf mij zijn
en welke delen zij
zie je dat ze bezit nemen van mijn geest
mijn ledematen losschudden
om alles te doen
waar ze niet toe in staat waren
toen zij leefden

ik duik in de bron van mijn lichaam
en beland in een andere wereld
alles wat ik nodig heb
bestaat al in mij
ik hoef
nergens anders te zoeken

- *thuis*

och wat is de poes
toch dapper
laten we niet vergeten
hoeveel pijn
de poes kan verdragen
hoeveel genot ze zichzelf
en anderen kan schenken
denk eraan
dat ze je heeft uitgespuugd
zonder een krimp
maar nu gebruik je
het woord *poes*
als een belediging
hoewel je niet eens
moedig genoeg bent
om er een te zijn

leef voluit
dat is je recht
en verwerp hun lulkoekdefinitie
van hoe een vrouw eruit hoort te zien

vrouwen hebben zo lang geen ruimte gekregen
dat als een van ons eindelijk
de arena betreedt
we bang zijn dat een andere vrouw
onze plek zal innemen
maar zo werkt dat niet met ruimte
kijk maar naar alle mannen in de arena die sterker worden
naarmate hun aantal zich vermenigvuldigt
meer vrouwen in de arena betekent
meer ruimte voor ons allen om te stralen

\- *samen sterker*

ik moet niets hebben van feminisme
dat transvrouwen buitensluit

hij zegt *wat ben je eigenwijs*
alsof het beledigend is
om zulke grote ideeën te hebben
dat hij zich in de reikwijdte ervan verslikt

- *hou je nooit van de domme*

zoek in de zaal naar de vrouwen
die nog minder ruimte hebben dan jij
luister
hoor hen
en doe iets met wat ze je vertellen

- *versterk inheemse. trans. zwarte. bruine.*
  stemmen van vrouwen van kleur

waarom loop je voor jezelf weg
terwijl je zo mooi bent
kom nader tot je schittering

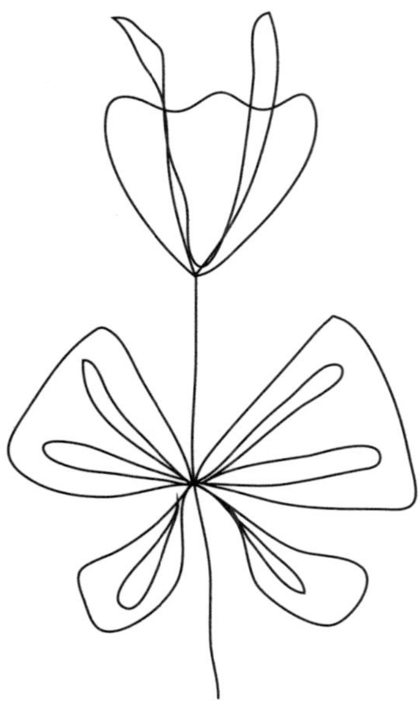

op dagen dat ik niet kon bewegen
waren het vrouwen
die mijn voeten water gaven
totdat ik sterk genoeg was
om te gaan staan
het waren vrouwen
die me weer
tot leven voedden

- *zusters*

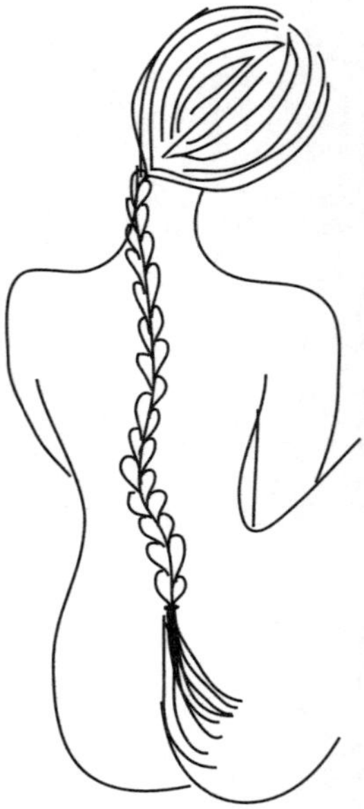

maak er een punt van
even hartstochtelijk
van jezelf te houden
als van anderen

- *toewijding*

het zou niemand iets moeten deren
wat wij met onze lichamen doen
al helemaal niet degenen die
nog geen dag
in onze schoenen hebben gestaan

geef me lachrimpels en lijntjes
ik wil bewijs van de grappen die we deelden
graveer de lijntjes in mijn gezicht als
boomwortels die dieper groeien
met elk jaar dat verstrijkt
ik wil pigmentvlekken als souvenirs
aan de stranden waar we hebben gelegen
ik wil eruitzien alsof ik
nooit bang ben geweest om me door de wereld
bij de hand te laten nemen
en alles aan te gaan
ik wil bij mijn heengaan weten
dat ik meer heb gedaan met mijn lichaam
dan te proberen het perfect te doen lijken

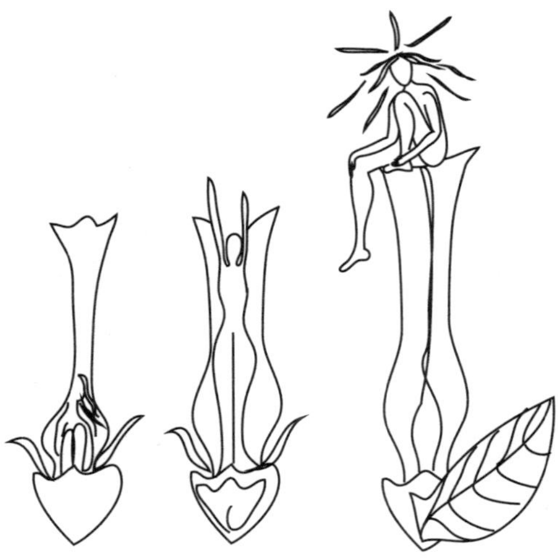

ik kan mijn ogen niet van mezelf afhouden
nu ik mezelf echt zie
ik kan alleen maar aan mezelf denken
kan niet geloven welke kunstjes
mijn handen hebben geflikt
de preken die ik tot leven heb geroepen
de bergen die ik heb verpletterd
met mijn vingers
en de bergen die ik bouwde
van alle troep
waarmee ze probeerden
mij te stenigen

- *krijger*

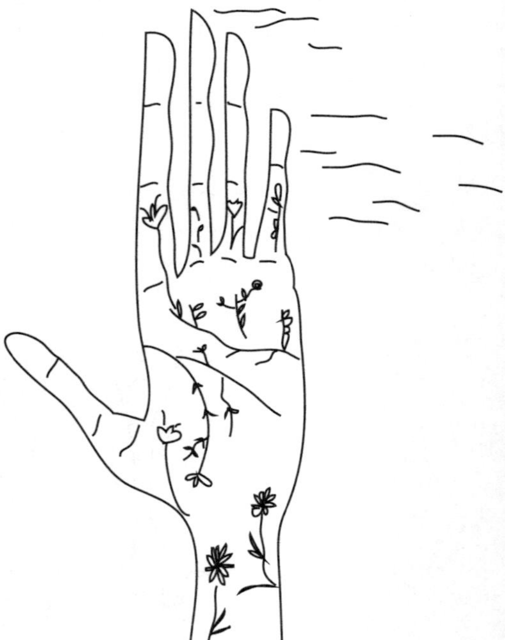

vaak dagdroom ik over de vrouw die ik zal zijn
als ik het geraas van mijn onzekere jaren als twintiger
achter me laat
en gaandeweg zelfacceptatie oppik
ik kan niet wachten om
mijn achttienjarige ik jaloers te maken
op de stampij die ik maak
wanneer ik bulder als dertiger en veertiger
mijn ziel wordt
mettertijd steeds krachtiger
op mijn vijftigste zal ik met
mijn rimpels en zilveren haar
lachen om de avonturen
die we samen hebben beleefd
en praten over de talloze die
in de tientallen jaren daarna
in het verschiet liggen
wat een voorrecht is het
om uit te groeien
tot de mooiste versie van mezelf

- *ouder worden*

wees in het hier en nu
bij wat vandaag moet worden gedaan

- *zo eer je de dag van morgen*

als de duivel je niet
in een hoek had gedreven
en je niet had gedwongen zijn nek te breken
hoe had je dan geweten
dat je zo sterk bent

wonderen in mij
wachten op hun beurt
om zich te voltrekken
ik zal mezelf nooit verzaken

je behoort niet tot de toekomst of het verleden

- je behoort tot het hier en nu

laat van je horen
zeg wat je moet zeggen
het voelt goed om jezelf
je leven toe te eigenen

hoe we groeien
van elke beproeving in het leven
is het prachtigste wat ik ooit heb gezien

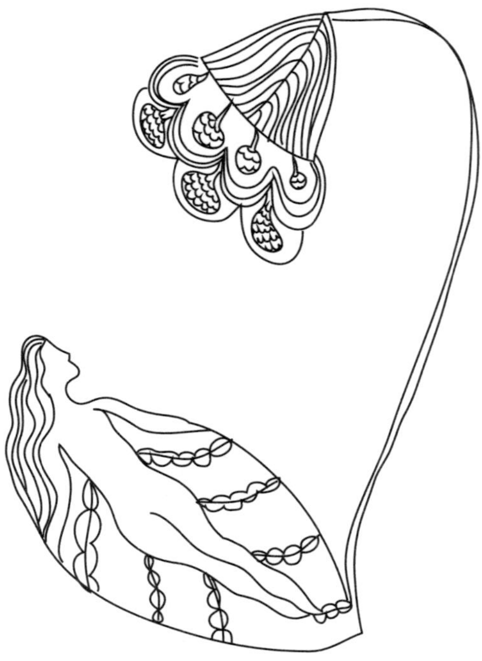

je bent een ziel. een wereld. een portaal. een wezen. je bent nooit alleen. je bent organen en bloed en vlees en spier. een kolonie van wonderen die zich met elkaar verweven.

sloop
elke deur die ze plaatsten
om jou buiten te sluiten
en neem al jouw mensen met je mee

- *stormloop*

je bent niet alleen
je zou alleen zijn als
je hart niet meer klopte
en je longen zich niet meer vulden
en je adem zich niet meer naar buiten perste
hoe alleen ben je
als een hele gemeenschap in jou leeft

- *al de jouwen staan aan jouw kant*

nooit meer zal ik
deze versie van mezelf zijn
laat ik vertragen
om bij haar te zijn

- *altijd in ontwikkeling*

jouw schoonheid is onmiskenbaar
maar al het heilige en oeroude in jou
is nog opzienbarender

ik ontwaak als mijn godinnenzelf

niets smaakt beter dan
aan je eigen kant staan

ik ben niet bang om te falen
ik ben bang dat mijn potentie
de wereld in brand zal zetten

er zijn dagen
dat het licht flakkert
en dan herinner ik me weer
dat ik het licht ben
ik keer naar binnen
en ontsteek het weer

- *vermogen*

je hebt slechts het topje gezien
van waar je toe in staat bent
er liggen nog tientallen jaren
vol overwinningen in het verschiet

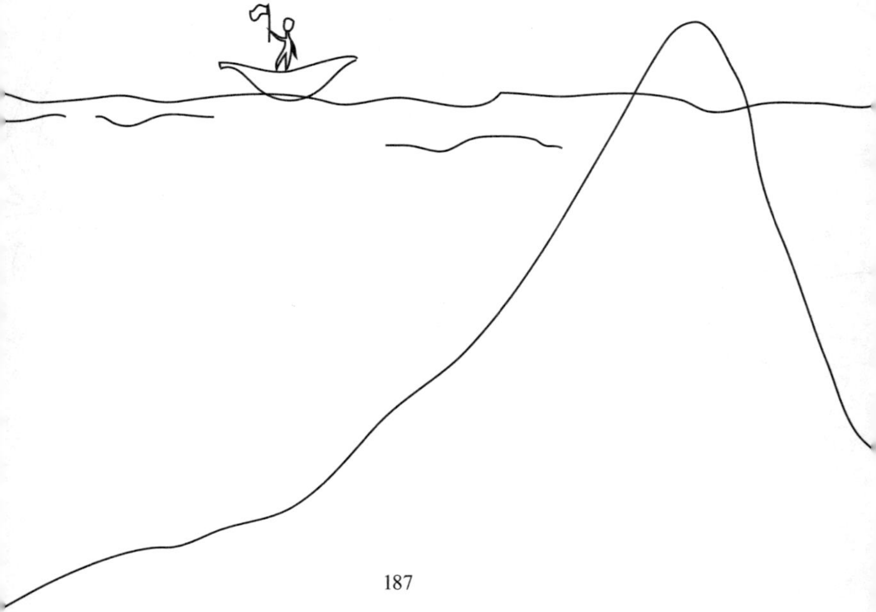

dom meisje
kleine engel
kleine duivel
je niet bewust van het feit
dat je wonderen verricht
jij bent de moeder
de tovenaar
meester over je eigen leven

nu je vrij bent
en enkel nog verplicht
je dromen te volgen
wat ga je nu doen
met jouw tijd

gedichten
illustraties
en omslagontwerp door

rupi kaur

andere boeken van rupi kaur

melk en honing

de zon en haar bloemen

rupi kaur is een dichter, kunstenaar en performer.
rupi wist als 21-jarige student aan de universiteit
haar eerste dichtbundel *melk en honing* te schrijven.
te illustreren. en in eigen beheer uit te geven. daarna
volgde het artistieke zusje *de zon en haar bloemen*.
van deze bundels zijn wereldwijd meer dan 8 miljoen
exemplaren verkocht en ze zijn in 40 talen vertaald.
thuis in mezelf is haar derde dichtbundel.
rupi richt zich in haar werk op liefde. verlies. trauma.
genezing. vrouwelijkheid. en migratie. ze voelt zich op
haar best als ze kunst schept of haar gedichten op een
podium voordraagt.
meer informatie vind je op www.rupikaur.com.

© 2020 rupi kaur
Oorspronkelijke titel *home body*
Oorspronkelijke uitgevers Andrews McMeel Publishing
en Simon & Schuster
Deze uitgave kwam tot stand door bemiddeling van
The Cooke Agency International, CookeMcDermid Agency en
Marianne Schönbach Literair Agentschap
© 2020 Nederlandse vertaling Uitgeverij Orlando bv
Vertaling uit het Engels door Anke ten Doeschate
ISBN 978 90 83104 32 4
NUR 306

www.uitgeverijorlando.nl
www.rupikaur.com

uitgeverij
ORLANDO